BEI GRIN MACHT SICH
WISSEN BEZAHLT

- Wir veröffentlichen Ihre Hausarbeit,
  Bachelor- und Masterarbeit

- Ihr eigenes eBook und Buch -
  weltweit in allen wichtigen Shops

- Verdienen Sie an jedem Verkauf

Jetzt bei www.GRIN.com hochladen
und kostenlos publizieren

Kristian Kretzschmar

Konrad Zuse: Ein deutscher Erfinder und Künstler

GRIN Verlag

Bibliografische Information der Deutschen Nationalbibliothek:

Die Deutsche Bibliothek verzeichnet diese Publikation in der Deutschen National-
bibliografie; detaillierte bibliografische Daten sind im Internet über http://dnb.d-
nb.de/ abrufbar.

Impressum:

Copyright © 2012 GRIN Verlag GmbH
Druck und Bindung: Books on Demand GmbH, Norderstedt Germany
ISBN: 978-3-656-57810-9

Dieses Buch bei GRIN:

http://www.grin.com/de/e-book/267484/konrad-zuse-ein-deutscher-erfinder-und-
kuenstler

GRIN - Your knowledge has value

Der GRIN Verlag publiziert seit 1998 wissenschaftliche Arbeiten von Studenten, Hochschullehrern und anderen Akademikern als eBook und gedrucktes Buch. Die Verlagswebsite www.grin.com ist die ideale Plattform zur Veröffentlichung von Hausarbeiten, Abschlussarbeiten, wissenschaftlichen Aufsätzen, Dissertationen und Fachbüchern.

Besuchen Sie uns im Internet:

http://www.grin.com/

http://www.facebook.com/grincom

http://www.twitter.com/grin_com

FOM Hochschule für Oekonomie & Management

Essen

Berufsbegleitender Studiengang

Master of Arts – IT-Management

Hausarbeit

im Fachbereich

„Interdisziplinäre Aspekte der Informatik"

über das Thema

Konrad Zuse –
Ein deutscher Erfinder und Künstler

Autor:

Kristian Kretzschmar

14. Juni 2012

Inhaltsverzeichnis

Abbildungsverzeichnis

1 Einleitung

In der vorliegenden Hausarbeit geht es um den deutschen Erfinder Konrad Zuse, welcher mit seinen Erfindungen das Leben seiner Mitmenschen vereinfachen und zugleich die Welt verändern wollte.[1]

Das Ziel dieser Arbeit ist es zu zeigen, wer Konrad Zuse war und welche bahnbrechenden Erfindungen er gemacht hat. Einigen Personen ist der Name Konrad Zuse zwar ein Begriff, jedoch wissen viele gar nicht, welchen Beitrag Zuse für die Informatik geleistet hat. Wenn man von Computern oder Rechnern spricht, ist der erste Name, an den man denkt, oftmals „von Neumann". Doch vor der Zeit von „von Neumann" gab es auch schon eine nicht unbedeutende Anzahl von Erfindern, die sich mit dem Thema Computer oder Rechenmaschine beschäftigt haben. Konrad Zuse ist einer von diesen.

Um zu sehen, wie das Leben von Konrad Zuse verlaufen ist, und welche Erfindungen ihm gelungen sind oder auch nicht, wird zu Beginn des zweiten Kapitels auf das Leben von Konrad Zuse eingegangen. Dort soll gezeigt werden, wie er unter anderem seine Kindheit verbracht hat. Im weiteren Verlauf wird auf seine Ausbildung, welche er überwiegend an Universitäten verbracht hat, eingegangen. Dort soll deutlich werden, dass Zuses Werdegang nicht unbedingt sehr geradlinig war. Die letzten beiden Abschnitte des zweiten Kapitels geben einen Überblick über seine berufliche Laufbahn. Dazu wird sein frühes Berufsleben sowie die Zeit nach dem 2. Weltkrieg betrachtet. Das dritte Kapitel beschäftigt sich ausschließlich mit seine Erfindungen, die ihn sein ganzes Leben begleitet haben. Dies beginnt mit der Konzeption und dem Bau seiner ersten Rechenmaschinen Z1 bis Z3. Um seine Rechenmaschinen zu optimieren, erdachte Zuse auch eine eigene Programmiersprache namens „Plankalkül", die ebenfalls in diesem Kapitel behandelt wird. Das Fazit bildet den Abschluss dieser Arbeit, in dem die Ergebnisse kritisch betrachtet werden.

---

[1] Vgl. HR-Online (2010), o.S.

2 Leben

Dieses Kapitel dient dazu einen Überblick zu bekommen wer Konrad Zuse war. Aus diesem Grund wird auf die verschiedenen Stationen seines Lebens eingegangen. Dazu zählt unter anderem seine Kindheit, seine Ausbildung zum Bauingenieur, sein früher beruflicher Werdegang und die Nachkriegszeit.

2.1 Kindheit und Jugend

Konrad Ernst Otto Zuse wurde am 22. Juni 1910 in Berlin-Wilmersdorf geboren. Er wuchs zusammen mit seiner zwei Jahre älteren Schwester Liselotte bei seinen Eltern Emil Wilhelm Albert Zuse und Maria Zuse auf. Aufgrund einer beruflichen Versetzung von Emil Zuse, welcher als Postbeamter im mittleren Dienst arbeitete, musste die Familie Berlin bereits zwei Jahre nach der Geburt ihres Sohnes verlassen.[2] Dennoch hat die Großstadt bleibende Eindrücke bei Konrad Zuse hinterlassen, so dass er diese Stadt immer als seine Heimat betrachtete. Ab 1912 verbrachte er seine Kindheit in Braunsberg[3], „einer verschlafenen ostpreußischen Kleinstadt"[4]. In Braunsberg absolvierte er für drei Jahre die Vorschule, die es ihm ermöglichte im Anschluss direkt auf das Gymnasium zu wechseln. Im Alter von neun Jahren wechselte Zuse dann auf das humanistische Gymnasium Hosianum, wo bereits der berühmte Mathematiker Karl Weierstraß (1815 - 1897) lehrte. Aufgrund einer erneuten Versetzung des Vaters musste die Familie 1923 nach Hoyerswerda umziehen. Dort besuchte Konrad Zuse das Reform-Realgymnasium, das heutige Lessing-Gymnasium.[5] Der Schulwechsel kam Zuse zugute, da in Hoyerswerda „freiheitlicher Geist"[6], und nicht wie in Braunsberg „der alte, und traditionelle Geist"[7] herrschte. Diese Art der Lehre kam Zuse sehr entgegen. Er konnte sich voll und ganz seiner technischen Leidenschaft, was sowohl das Zeichnen und Malen als auch das Basteln beinhaltete, widmen. Er entwarf einen Greiferkran, den er in seinem Zimmer mit einem Stabilbaukasten, was zu dieser Zeit sein ein und alles war, nachbaute (Vgl. Abb.1).[8] Als Vorbild dienten ihm dabei

[2] Vgl. Wunderlich (2006), o.S.
[3] Vgl. Zuse (1993), S. 2
[4] Zuse (1993), S. 2
[5] Vgl. Zuse (1993), S. 6f.
[6] Zuse (1993), S. 7
[7] Zuse (1993), S. 6
[8] Vgl. Zuse (1993), S. 7f

die modern eingerichteten Braunkohlegruben, die
nicht weit von der Stadt entfernt lagen. Im Alter
von sechzehn Jahren entschloss sich Konrad
Zuse, wegen seiner technischen Leidenschaft,
Ingenieur zu werden. Zu gleicher Zeit merkte Zuse
jedoch auch, dass ihm das Zeichnen immer
leichter und einfacher fiel. Das führte dazu, dass
ein Zwiespalt in ihm herrschte, ob er eine
Ingenieur- oder doch lieber eine Künstlerkarriere
einschlagen sollte. Trotz seiner Leidenschaft für
das Zeichnen entschloss Zuse sich später dazu
Ingenieur zu werden.[9] Konrad Zuse erlangte 1927

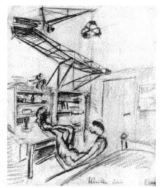

Quelle: Zuse (1993), S. 8
Abbildung 1: Meine Bude

mit siebzehn Jahren sein Abitur, am Reform-Realgymnasium, und verlies
Hoyerswerda um zu studieren.[10]

2.2 Studium

Er zog wieder zurück in seine Heimatstadt   Berlin um an der Technischen
Hochschule   Berlin-Charlottenburg,   heute   Technische   Universität   Berlin,
Maschinenbau zu studieren. Er musste jedoch relativ schnell feststellen, dass in
diesem Fach strenge Regeln gelten, die seiner kreativen und schöpferischen Art
kaum Freiraum ließen. Er fühlte sich durch die festgelegten Normen bei der
Darstellung   von   Maschinen   derart   eingeschränkt,   dass   er   das
Maschinenbaustudium abbrach. Er wechselte den Studiengang und begann
Architektur zu studieren, um seine künstlerischen Fähigkeiten ausleben zu können.
Sein Traum technisch großzügige Bauten zu entwerfen wurde ihm jedoch im ersten
Semester   nicht   erfüllt.   Das   hatte   zur   Folge,   dass   Konrad   Zuse   das
Architekturstudium ebenfalls abbrach und erneut innerhalb der Fakultät den
Studiengang wechselte. Er entschied sich schließlich Bauingenieurwesen zu
studieren, da seiner Meinung nach das der einzige Studiengang sei, der eine ideale
Kombination aus Ingenieurwesen und Kunst sei.[11,12]

---

[9] Vgl. Zuse (1993), S. 9
[10] Vgl. Zuse (1993), S. 12f.
[11] Vgl. ZuseForum (o.J.), o.S.
[12] Vgl. Zuse (1993), S. 13

Während seines Studiums entwickelte er ein großes Interesse für die Fotografie, der er so viel Zeit widmete, dass er darüber nachdachte es zu seinem Beruf zu machen. Er verdiente zu dieser Zeit auch sein erstes Geld damit, indem er als Werbegrafiker unter anderem für die Automobilindustrie arbeitete. Später beschäftigen ihn eine Reihe von Ideen, im Bereich der Fotografie, die er zu Erfindungen machen wollte. Diese begannen beim Selbstauslöser und endeten beim Vollautomaten. Um seine Ideen umzusetzen fehlte ihm jedoch die praktische Erfahrung. Umso größer war die Enttäuschung, als kurze Zeit später eine automatische Fotokabine unter der Bezeichnung Photomaton eingeführt wurde, welche er doch erfinden wollte.[13,14]

Gegen Ende des Studiums begann Zuse immer mehr darüber nachzudenken eine Rechenmaschine zu entwickeln. Der Auslöser dafür war, dass Zuse der Meinung war, dass die automatische Geldrückgabe bei Verkaufsautomaten, Wiegeautomaten oder ähnlichen Geräten ungelöst sei. Er begann mit der Konstruktion eines Automaten, der dieses Problem lösen sollte. Der Unterschied zu seinen vorherigen Ideen und Erfindungen war jedoch, dass er diesen nicht nur auf Papier entwickelte, sondern einen funktionsfähigen Prototypen baute (Vgl. Abb.2).

Mit diesem Automaten war es möglich verschiedene Waren mit unterschiedlichen Preisen und Mengen zu bestellen. Die Eingabe dazu erfolgte über eine Wählscheibe. Der Käufer musste für die Bestellung die Waren nacheinander eingegeben. Die unterschiedlichen Preise der gewählten Waren wurden im Automaten addiert und durch das Einwerfen von Geldstücken wurde die Herausgabe der Ware veranlasst. Dazu addierte der Automat die eingeworfenen Beträge und bildete die Differenz zum Preis der gewählten Ware. War der Wert größer oder gleich dem Warenwert, so wurde die

Quelle: Zuse (1993), S. 8
Abbildung 2: Warenautomat mit Geldrückgabe

---

[13] Vgl. Zuse (1993), S. 14f
[14] Vgl. ZuseForum (o.J.), o.S.

Ware ausgegeben. Wurde der Warenwert überschritten, wurde die Differenz wieder ausgezahlt.[15] Im Jahr 1935 schließt Konrad Zuse nach sieben Jahren sein Studium mit dem Diplom-Hauptexamen als Bauingenieur (Dipl.-Ing.) an der Technischen Hochschule Berlin ab.[16]

2.3 Frühes Berufsleben

Nach seinem erfolgreichem Studium nimmt Konrad Zuse eine Stelle als Statiker bei den Henschel-Flugzeug-Werken in Berlin-Schönefeld an. Dort erhielt er einen Einblick in die Praxis von technischen Berechnungen. Obwohl ihn diese Arbeit sehr stark forderte, beschäftigte er sich parallel damit, wie diese Berechnungen zeitsparender durchgeführt werden könnten. Bereits nach einem Jahr kündigte er diese Stelle jedoch wieder, da die Arbeit nicht seinen Vorstellungen entsprach. Konrad Zuse zog zurück zu seinen Eltern um in deren Wohnung eine Erfinderwerkstatt einzurichten. Zu diesem Zeitpunkt war er fest entschlossen die Idee von einer eigenen vollautomatischen Rechenmaschine in die Praxis umzusetzen. Seine Eltern waren von dieser Entscheidung nicht begeistert, hatten jedoch so viel Vertrauen in ihrem Sohn, dass sie ihn so gut wie möglich unterstützten. Unterstützung fand Zuse auch bei seinen Studienfreunden, die ihm mit Geldbeträgen aushalfen.[17,18] In dieser Zeit (1936 - 1938) entstand die legendäre Z1. Eine Rechenmaschine, die programmierbar war, jedoch noch nicht voll funktionstüchtig, da sie mechanisch betrieben wurde.[19] In den darauf folgenden Jahren (1938 - 1946) entwickelte Zuse die Z1 weiter und es entstanden die Rechenmaschinen Z2 und Z3, sowie eine eigenentwickelte Programmiersprache Plankalkül, mit der die Maschinen betrieben werden sollten. Aufgrund des 2. Weltkrieges und der damit verbundenen Einberufung Zuses musste er die Arbeiten an diesen Projekten jedoch immer wieder unterbrechen. Bedauerlicherweise wurden die Erfindungen Zuses durch den Krieg zerstört.[20]

---

[15] Vgl. Zuse (1993), S. 17
[16] Vgl. ZuseForum (o.J.), o.S.
[17] Vgl. Zuse (1993), S. 30f
[18] Vgl. Czauderna (1979), S. 12f
[19] Vgl. ZuseForum (o.J.), o.S.
[20] Vgl. Kapitel 3

2.4 Nachkriegszeit

Am 29. Oktober 1946 gründet Konrad Zuse zusammen mit Harro Stucken, der ein enger Studienfreund von Zuse war, in Hopferau das „Zuse-Ingenieurbüro". Die erste Aufgabe war es die Z4, die gegen Ende des 2. Weltkrieges entwickelt wurde, wieder lauffähig zu machen, denn diese wurde durch diverse Transporte stark beschädigt.[21] Die von 1942 - 1945 gebaute Z4 wurde von Zuse unter dem Namen V4 (Versuchsmodell 4) entwickelt. Durch diese Bezeichnung und dem damit verbundenen Gleichklang mit den Vergeltungswaffen V1 und V2, war es ihm gelungen seine Erfindung zu retten.[22]

Im Jahr 1949 entschieden sich mehrere Schweizer Wissenschaftler der Eidgenössische Hochschule (ETH) Zürich, Zuse und Stucken in Hopferau zu besuchen um die Z4 zu besichtigen. Aus dieser Besichtigung entstand ein Mietvertrag für fünf Jahre. Dafür erhielten Zuse und Stucken insgesamt 30.000 Schweizerfranken.[23] Aus diesem Vertrag heraus entwickelten die beiden zusammen mit Alfred Eckhard eine Geschäftsidee und gründeten 1949 die Zuse KG. Noch im selben Jahr verkaufte die Zuse KG der Firma Leitz in Wetzlar einen Rechner mit der Bezeichnung Z5 für 300.000 D-Mark. Dieser Verkauf blieb jedoch für Jahre das einzige hervorragende Geschäft der Zuse KG.[24] In den darauf folgenden Jahren entwickelte das Unternehmen unter anderem Modelle wie die Z11, Z22, Z23, Z25, Z31 und Z64. Aufgrund zunehmender Aufträge und der Serienfertigung von Rechnern, die durch die Deutsche Forschungsgemeinschaft gefördert wurde, musste das Unternehmen 1957 aus Platzmangel nach Bad Hersfeld verlegt werden. Zu diesem Zeitpunkt galt die Zuse KG als der härteste Konkurrent von IBM.[25,26] Aufgrund des schnellen Wachstums des Unternehmens reichten die neuen Räumlichkeiten jedoch nicht lange aus und das Unternehmen war auf über 15 Standorten über die Stadt verteilt. Hinzu kam, dass die Kunden der Zuse KG mittlerweile nicht mehr nur die Hardware, sondern auch gleichzeitig die passende Software dazu kaufen wollten. Aus diesen Gründen entschied man sich

---

[21] Vgl. ZuseForum (o.J.), o.S.
[22] Vgl. Bruderer (2010), S.6
[23] Vgl. Bruderer (2010), S.6
[24] Vgl. Wunderlich (2006), o.S.
[25] Vgl. Zerges (2002), o.S.
[26] Vgl. Schillo (2001), S. 14-17

ein eigenes Firmengelände zu bauen, in dem alle Firmenbereiche Platz finden.[27] Durch den Firmenneubau und die zunehmende internationale Konkurrenz geriet die Zuse KG immer stärker in Schwierigkeiten, denn im Gegensatz zu den amerikanischen Unternehmen wurde die Zuse KG nicht vom Staat subventioniert. Das hatte zur Folge, dass die Kosten für die Entwicklung neuer Maschinen, die Vorfinanzierung von Software-Entwicklungen und die Vertriebskosten vom Unternehmen allein getragen werden mussten. Um diese Kosten zu decken musste die Zuse KG immer wieder auf Bankkredite zurückgreifen. Trotz einer guten Auftragslage wurden der Zuse KG bald jedoch keine Kredite mehr genehmigt und Konrad Zuse begann damit Teilhaber in das Unternehmen aufzunehmen.[28] Als der erwartete Erfolg des Unternehmens ausblieb, entschied Zuse, das Unternehmen, welches zu diesem Zeitpunkt 1200 Mitarbeiter beschäftigte, an die Firma Brown Boveri & Cie. AG (BBC) zu verkaufen. Konrad Zuse schied dabei als aktiver Teilhaber aus, blieb jedoch als Berater weiterhin im Unternehmen tätig. Im Jahr 1967 übernahm die Siemens AG erst 70% und 1969 dann die restlichen 30% des Unternehmens von BCC. Der Beratungsvertrag mit Zuse wurde Ende 1969 von seitens der Siemens AG gekündigt. Auch der Firmenname Zuse KG wurde kurze Zeit später (1971) durch die Siemens AG aus dem Handelsregister gestrichen. Konrad Zuse hatte mit der Zuse AG insgesamt 251 Computer hergestellt.[29,30]

Nach dem endgültigen Ausscheiden aus dem Unternehmen setzte sich Konrad Zuse mit 59 Jahren zur Ruhe und widmete sich vor allem der Malerei, die ihm bereits seit seiner Jugend sehr viel bedeutet hatte. Am 18. Dezember 1995 verstarb Konrad Zuse in Hünfeld.[31]

---

[27] Vgl. Schillo (2001), S. 14-17
[28] Vgl. ZuseForum (o.J.), o.S.
[29] Vgl. Schillo (2001), S. 17
[30] Vgl. Wunderlich (2006), o.S.
[31] Vgl. Wunderlich (2006), o.S.

3 Erfindungen

Das folgende Kapitel zeigt einen Teil der Erfindungen, die Konrad Zuse während seines Lebens entworfen und realisiert hat. Dazu wird zu Beginn auf seine Rechenmaschinen Z1 bis Z3 eingegangen, die er teilweise noch im elterlichen Wohnzimmer, seiner Erfinderwerkstatt, zusammengebaut hatte. Im Anschluss daran wird die Programmiersprache Plankalkül genauer betrachtet.

3.1 Z1 (1936 - 1938)

Die Rechenmaschine Z1 gilt als die erste frei programmierbare Rechenmaschine der Welt. Der Name Z1 ergibt sich aus „Z" wie Zuse und der Modellnummer des Rechners. Bei diesem Rechner handelt es sich um einen Binärrechner, welcher aus mechanischen Schaltgliedern besteht.[32] Zuse hatte sich bei der Entwicklung der Z1 auch Gedanken über eine elektromagnetische Lösung gemacht, da es zu dieser Zeit bereits Fernmelderelais gab. Er entschied sich jedoch dagegen, da man laut seinen Berechnungen tausende von Relais benötigt hätte. Das bedeuten, dass man allein ein Zimmer voller Relaisschränke benötigt hätte um sein Vorhaben zu realisieren. Dieser Gedanke verursachte bei Konrad Zuse eine gewisse Scheu, denn schließlich sollte man den Rechner ähnlich wie eine Schreibmaschine auf einen Tisch stellen können.[33]

Konrad Zuse entschied sich bei der Entwicklung daher für ein rein mechanisches Modell. Die Z1 bestand aus einer Vielzahl von Blechteilen, Stäben und Rädern. Die Schaltbleche konnten in zwei Positionen geschoben werden: Die Null und die Eins. Da die Rechenmaschine vollständig durch private Mittel finanziert wurde, musste auf teure Materialien und Teile verzichtet werden. Damit Zuse seine Rechenmaschine jedoch trotzdem bauen konnte, hatte er zusammen mit seinem Vater, welcher ebenfalls ein leidenschaftlicher Bastler war, und einigen Studienkollegen die Schaltbleche selbst hergestellt. Dafür verwendeten sie alte Konservendosen, welche mit Hilfe einer Laubsäge zurechtgeschnitten wurden. Als Vorlage für die Schaltbleche diente eine Papierschablone, die Zuse zuvor erstellt

---

[32] Vgl. Weller (2007), o.S.
[33] Vgl. Zuse (1993), S. 34

hatte. Das Ergebnis dieser Arbeit war, dass der Rechner aus ca. 30.000 handgefertigten Blechteilen bestand.[34,35]

Vergleicht man die Z1 mit heutigen Computern, wird deutlich, dass bereits in Zuses erster Rechenmaschine alle charakteristischen Bestandteile eines heutigen Computers vorhanden waren. Dazu zählen unter anderem ein Rechenwerk, ein Speicherwerk, ein Taktgeber sowie eine Ein- und Ausgabeeinheit. Das macht deutlich, dass Zuse mit seiner Erfindung anderen Entwicklern damals bereits um Jahre voraus war.[36]

Die Rechenmaschine Z1 konnte bereits damals folgende Operationen ausführen:[37]

- Addition
- Subtraktion
- Multiplikation
- Division
- Wurzelziehen
- Dezimal-Dual und Dual-Dezimal
- Übersetzen in gleitendem Komma

Zudem war sie in der Lage, mit ihrer Taktfrequenz von ca. einem Hertz, eine Multiplikation innerhalb von fünf Sekunden auszurechnen, was zu damaliger Zeit einen Quantensprung bedeutete. Die Anweisungen für die Berechnung erhielt die Maschine über ein Programm, das in einen 35 mm-Film gestanzt und in die Maschine eingelegt wurde. Um die Berechnung durchzuführen, musste an einer Handkurbel gedreht werden, welche die Maschine angetrieben hat. Alternativ konnte auch ein Motor, Zuse verwendete damals dafür einen Staubsaugermotor, als Antrieb verwendet werden. Leider stellte sich bereits nach kurzer Zeit heraus, dass die Rechenmaschine zwar funktionsfähig, jedoch nicht zuverlässig war. Die grobe und unpräzise Mechanik führte immer wieder dazu, dass Bleche sich verhakten und die Maschine dadurch nicht praxistauglich war.[38,39]

---

[34] Vgl. HR-Online (2010), o.S.
[35] Vgl. Zuse (2011), o.S.
[36] Vgl. Hunscher (o.J.), o.S.
[37] Czauderna (1979), S. 52
[38] Vgl. Zuse (2011), o.S.
[39] Vgl. Weller (2007), o.S.

Im Jahr 1938 hatte Zuse die Z1 endgültig fertiggestellt. Jedoch ist diese und mit ihr sämtliche Konstruktionsunterlagen bereits kurze Zeit später bei einem Bombenangriff dem 2. Weltkrieg zum Opfer gefallen. Erst ca. 50 Jahre später (1987 - 1989) entschloss sich Konrad Zuse seine Erfindung zu rekonstruieren und baute die Z1 nach. Dieser Nachbau steht heute im deutschen Technikmuseum in Berlin (Vgl. Abb.3).[40,41]

Quelle: Salzig (2011), o.S.
Abbildung 3: Nachbau der Z1

3.2 Z2 (1938 - 1939)

Nachdem Konrad Zuse die Z1 fertiggestellt hatte erkannte er, dass aufgrund der Unzuverlässigkeit seiner Maschine einige Änderungen vorgenommen werden mussten. Um über seine weiteren Pläne zu sprechen, lud er Helmut Schreyer in seine Werkstadt ein. Schreyer hatte, aufgrund seines Studiums (Fernmeldetechnik) und diverser Praktika, unter anderem bei AEG, bereits Erfahrung mit dem Bau von mechanischen Relais. Schreyer überzeugte Zuse davon, die Z2 mit diesen Relais zu bauen. Bereits kurze Zeit später bemerkten beide jedoch, dass die Umsetzung mit mechanischen Relais sehr aufwendig und mit großen Schwierigkeiten verbunden war. Kurzerhand entschieden sie sich dazu, die mechanischen Relais durch elektromagnetische Relais auszutauschen. Das Problem bei den elektromagnetischen Relais war jedoch die Beschaffung, da die Z2 genau wie die Z1 aus privaten Mitteln finanziert werden musste. Es war also nicht einfach möglich neue Relais für den Bau zu kaufen. Zuse und Schreyer fanden jedoch einen

---

[40] Vgl. Zuse (2011), o.S.
[41] Vgl. Weller (2007), o.S.

Altwarenhändler, der Relais von alten Telefonämtern aufkaufe und diese zu erschwinglichen Preisen wieder verkaufte.[42,43]

Zuse und Schreyer stellen die Z2 im Jahr 1939 fertig. Was zu Beginn nur ein Versuchsmodell werden sollte, um die Relaistechnik zu testen, stelle sich jedoch als eine robustere und weniger fehleranfällige Rechenmaschine heraus. Die Z2 bestand aus einem Prozessor, der durch ca. 600 Telefonrelais realisiert wurde, und einem mechanischen Speicher. Zuse entschied sich bei dem Bau der Z2 aus Kostengründen das gleiche Speicherwerk wie bei der Z1 einzusetzen. Durch die Relaistechnik war die Maschine jedoch wesentlich schneller als ihr Vorgänger (Taktfrequenz von ca. 10 Hertz).[44,45]

Nach ihrer Fertigstellung präsentierte Zuse die Z2 der Deutschen Versuchsanstalt für Luftfahrt (DVL). Das Interesse an Zuses Rechenmaschine war so groß, dass sie ihm einen Vertag anboten. Dieser Vertrag beinhaltete, dass eine dritte Version ausschließlich für die DVL gebaut werden sollte. Diese Z3 sollte im Gegenzug durch die DLV teilfinanziert werden.[46]

3.3 Z3 (1940 - 1941)

Im Jahr 1940 begann Zuse mit dem Bau der Z3. Aufgrund seiner Erfahrungen, die er bereits durch die Konstruktion der ersten beiden Maschinen sammeln konnte, benötigte Zuse für die Fertigstellung der Z3 nur ein Jahr. Am 12. Mai 1941 war es dann soweit, Konrad Zuse wagte erstmals den Schritt in die Öffentlichkeit und stellte seine neue Rechenmaschine Z3 einer kleinen Gruppe von Ingenieuren und Wissenschaftlern vor.[47]

Die Z3 gilt als erste voll funktionsfähige programmgesteuerte Rechenmaschine der Welt. Erstmals setzte Zuse bei dem Bau der Maschine vollständig auf elektromagnetische Relais. Im Gegensatz zu den Vorgängermodellen wurde auch das Speicherwerk durch Relais realisiert. Zudem entwickelte Zuse ein Rechenwerk, welches mit zwei Registern arbeitete, was den Vorteil hatte, dass mit

---

[42] Vgl. Schreyer (1977), S. 1f
[43] Vgl. Zuse (1993), S. 35ff
[44] Vgl. Zuse (2011a), o.S.
[45] Vgl. Rojas et al. (1998), S. 29
[46] Vgl. Zuse (1993), S. 55
[47] Vgl. Zerges (2002), o.S.

Gleitkommazahlen operiert werden konnte. Im Speicher der Z3 waren ca. 1600 Relais verbaut, mit denen es möglich war 64 Wörter zu jeweils 22 Bit zu speichern. Das Rechenwerk bestand aus ca. 600 Relais, die es ermöglichten ein Ergebnis einer einfachen Multiplikation oder Division innerhalb von drei Sekunden zu errechnen. Für eine Addition benötigte die Maschine ca. 0,8 Sekunden.[48,49] Die Steuerung der Maschine setzte Zuse mit Hilfe eines 8-Kanal-Lochstreifens um. Dieser Lochstreifen diente als Programm, welches die Maschine abarbeitete. Die Eingabe der Zahlen realisierte Zuse über eine Spezialtastatur, bei der die Stelle des Kommas separat eingestellt werden konnte.[50]

Nach ihrer Fertigstellung wurde die Z3 in erster Linie bei der Henschel-Flugzeugwerke KG eingesetzt. Die Ingenieure des Werks verwendeten die Rechenmaschine größtenteils für komplexe Berechnungen von Flugzeugflügeln. Bereits 1943 wurde die Z3 jedoch genau wie ihre Vorgängerversionen im Krieg zerstört. Diese Zerstörung stellte sich im Nachhinein als ein sehr tragischer Moment für Konrad Zuse heraus, der ihn sein Leben lang verfolgen sollte. Das Problem, was sich für Zuse ergab, war, dass es weder Pläne noch andere Beweise gab, die bestätigen konnten, dass die Z3 wirklich funktionsfähig war. Um seinen Kritikern zu beweisen, dass es die Z3 wirklich gab und diese auch funktionierte, begann Konrad Zuse zwanzig Jahre später mit einem Nachbau. Wie bereits damals bei der Z1 musste er auch die Z3 vollständig aus seinem Gedächtnis nachbauen. Dieses Exemplar kann heute im Deutschen Museum in München besichtigt werden (Vgl. Abb 4).[51]

Quelle: Zuse (1993), S. 58
Abbildung 4: Die rekonstruierte Z3 im Deutschen Museum in München

[48] Vgl. Zerges (2002), o.S.
[49] Vgl. Zuse (2011b), o.S.
[50] Vgl. Zuse (1993), S. 55
[51] Vgl. Zerges (2002), o.S.

Ein zweites Exemplar der Z3 wurde am 11. Mai 2001 in Berlin vorgestellt. Diese Maschine wurde von Konrad Zuses Sohn Horst und seinem Kollegen Professor Raul Rojas rekonstruiert. Zusammen mit einer Gruppe Berliner Wissenschaftler, Studierender und Schüler bauten sie die Z3 von 1999 bis 2001 ein weiteres Mal nach. Horst Zuse wollte mit dem Nachbau nicht nur an die Erfindung seines Vaters von 1941 erinnern, sondern auch zeigen, welcher Aufwand betrieben werden musste um eine solche Maschine zu bauen.[52,53]

3.4 Plankalkül (1942 - 1946)

Neben dem Bau von automatischen Rechenmaschinen beschäftige sich Konrad Zuse von 1942 – 1946 damit, eine formale und algorithmische Sprache zu entwickeln, mit der sich Lösungsverfahren für beliebige Probleme beschreiben lassen. Diese Sprache bezeichnete Zuse als Plankalkül. Plankalkül zählt somit zu den ersten höheren Programmiersprachen der Welt.[54] Das Ziel von Zuse war es, diese Sprache auf einem Nachfolgermodell der Z3 einzusetzen. Durch die Ereignisse des 2. Weltkriegs kam er jedoch nicht mehr dazu. Ebenso konnte er seine Veröffentlichung aufgrund des Krieges nicht vollenden und Plankalkül blieb dadurch jahrzehntelang unbeachtet. Erst mit der vollständigen Veröffentlichung im Jahr 1972 wurde Plankalkül kurzfristig ein größeres Interesse entgegen gebracht. Zu diesem Zeitpunkt wurden diverse Arbeiten verfasst, die sich mit den Sprachkonzepten des Plankalküls auseinandersetzten. Ein besonderes Interesse bestand darin herauszufinden, wo Plankalkül in bestehende Programmiersprachenkonzepte einzuordnen war. Denn aufgrund der späten Veröffentlichung hatte Plankalkül auf die allgemeine Entwicklung von Programmiersprachen, welche in den 50er Jahren begann, nur geringfügigen Einfluss.[55,56]

Bei der Entwicklung war Konrad Zuse bereits sehr früh klar, dass die allgemeinste Form des Rechnens in folgender Form abzubilden ist: $F(V) \Rightarrow R$. Denn die Auswertung einer Funktion F mit einem variablen Argumentes V wird ein

---

[52] Vgl. Zerges (2002), o.S.
[53] Vgl. Zuse (2011c), o.S.
[54] Vgl. Bruderer (2010), S. 13
[55] Vgl. Zuse (2011d), o.S.
[56] Vgl. Schunke (2000), S. 4

Resultat R ergeben. Anhand dieser Erkenntnis hat Zuse Plankalkül entwickelt.[57] Das hat dazu geführt, dass der Sprache mit Hilfe heutiger bekannter Terminologie, folgende Möglichkeiten zur Programmierung zur Verfügung standen:[58]

- Zuordnungsanweisungen

- Funktionsaufrufe

- bedingte Anweisungen

- Schleifen

- Gleitkommaarithmetik

- Feldvariablen (Arrays)

- zusammengesetzte Datentypen

---

[57] Vgl. Rojas et al. (o.J.),S. 4
[58] Vgl. Zuse (2011d), o.S.

4 Fazit

Um zu verstehen, wer Konrad Zuse überhaupt war und welche Erfindungen er gemacht hat, wurde dieses Thema in der vorliegenden Arbeit genauer untersucht. Dazu wurde zu Beginn der Arbeit erklärt, wer Konrad Zuse war und wie sein Leben von der Kindheit bis hin zur Nachkriegszeit verlaufen ist. Im Anschluss wurde aufgezeigt, welche Erfindungen Zuse zwischen 1936 und 1946 gemacht hat. Dazu zählen unter anderem seine drei Rechenmaschinen Z1, Z2 und Z3 sowie die Programmiersprache Plankalkül.

Diese Arbeit zeigt, dass Konrad Zuse von Anfang an, genau wie sein Vater, ein leidenschaftlicher Bastler war. Zu seiner Studienzeit hatte er zahlreiche gute Ideen, die er jedoch aufgrund mangelnder Praxis nicht in die Realität umsetzen konnte. Erst gegen Ende seines Studiums hat Konrad Zuse seine erste Rechenmaschine fertiggestellt: Einen Verkaufsautomat, der in der Lage war automatisch die Geldrückgabe zu steuern. Als Statiker bei den Henschel-Flugzeug-Werken lernte Zuse wie man technische Berechnungen in der Praxis durchführt. Bereits nach kurzer Zeit kündigte er den Job jedoch wieder, um seiner Leidenschaft des Bastelns und des Erfindens nachzugehen. Er wollte etwas erfinden, was das Leben der Menschen vereinfachen sollte. Der Weg dahin erwies sich jedoch als relativ schwer, da er alles aus privaten Mitteln finanzieren musste. Seine Eltern und ehemalige Studienkollegen unterstützen ihn jedoch bei seinen Vorhaben. In den darauf folgenden Jahren erfand und baute Konrad Zuse die Rechenmaschinen Z1, Z2 und Z3. Kurze Zeit nach der Fertigstellung der Z1 im Jahr 1938 wurde diese jedoch durch einen Bombenangriff im 2. Weltkrieg zerstört. Dieser Fluch sollte Zuse jedoch nicht nur einmal verfolgen. Denn ebenfalls wie die Z1 fielen die Rechenmaschinen Z2 und Z3 bereits kurze Zeit nach ihrer Fertigstellung, mit allen Konstruktionsunterlagen, dem 2. Weltkrieg zum Opfer. Obwohl Konrad Zuses Rechenmaschinen alle charakteristischen Bestandteile eines heutigen Computers besaßen, gab es zu damaliger Zeit keinen Beweis dafür, dass die Maschinen wirklich existiert haben. Das hat dazu geführt, dass Zuse seine Rechenmaschine Z3 nicht als ersten programmgesteuerten Rechenautomaten beim Patentamt anmelden konnte. Um seinen Kritikern Jahre später zu beweisen, dass die Rechenmaschinen wirklich existiert haben und funktionsfähig waren, baute er die Z1 und die Z3 nach. Diese Exemplare können noch heute besichtigt werden. Sie befinden sich im Technikmuseum in Berlin (Z1) und im Deutschen Museum in München (Z3).

Diese Arbeit hat gezeigt, dass Konrad Zuse ein Pionier in der Informatik war. Aufgrund der damaligen Umstände wurde er jedoch sehr oft vom Pech verfolgt. Erst Jahre später wurde die Z3 als „der" erste Computer weitestgehend anerkannt. Es ist daher nicht einfach ihn zu würdigen, da er im technikhistorischen Zusammenhang mit seinen Vorgängern und Nachfolgern nur eine sehr unscheinbare Rolle gespielt hat. Dennoch ist Konrad Zuse ein erfolgreicher deutscher Erfinder gewesen, der zwar nicht die Welt grundlegend durch seine Erfindungen verändert hat, aber vor allem seinen Traum des Erfinders leben konnte.

Literaturverzeichnis

Bruderer (2010)

Bruderer, Herbert, Eidgenössische Technische Hochschule Zürich (Hrsg.): Konrad Zuse und die ETH Zürich: Zum 100. Geburtstag des Informatikpioniers Konrad Zuse (22. Juni 2010), Technischer Bericht Nr. 705, 2010, Zürich, http://e-collection.library.ethz.ch/eserv/ eth:2428/eth-2428-01.pdf

Czauderna (1979)

Czauderna, Karl-Heinz; Gesellschaft für Mathematik und Datenverarbeitung mbH Bonn (Hrsg.): Konrad Zuse, der Weg zu seinem Computer Z3, Ausgabe 120 von Berichte der Gesellschaft für Mathematik und Datenverarbeitung, R. Oldenbourg Verlag, Wien, 1979, ISBN 3486231413

HR-Online (2010)

o.A.; Hessischer Rundfunk (Hrsg.): Ein Erfinder erfindet eine Jahrhundertmaschine, 2010, http://www.hr-online.de/website/specials/kzuse/index.jsp?rubrik=57715& key=standard_document_39275993 (23.05.2012 21:17)

Hunscher (o.J.)

Hunscher, Wolfgang: Konrad Zuses erster Computer - Z1, o.J., http://www.dreieichschule.de/informatik/2011/projekt-info/Z1.html (23.05.2012 20:26)

Lippe (2010)

Lippe, Prof. Dr. Wolfram-M.: Die Geschichte der Rechenautomaten - von der Antike bis zur Neuzeit, Kapitel 14, 2010, http://cs.uni-muenster.de/Professoren /Lippe/lehre/skripte/geschichte/pdf/Kap14.pdf

Rojas et al. (o.J.)

Rojas, Raúl; Göktekin, Cüneyt; Friedland, Gerald; Krüger, Mike; Scharf, Ludmila: Konrad Zuses Plankalkül – Seine Genese und eine moderne Implementierung, o.J. Berlin, http://www.zib.de/zuse/Inhalt/Programme/Plankalkuel/Gen ese/Genese.pdf

Rojas et al. (1998)

Rojas, Raul (Hrsg.); Bauer, F.L.; Dorsch, H.; Petzold, H.; Rojas, R.; Thurm, G.-A.; Widiger, G.: Die Rechenmaschinen von Konrad Zuse, Springer Verlag, Berlin/Heidelberg, 1998, ISBN 3540634614

Salzig (2011)

Salzig, Christoph: Digitales Zeitalter – The Beginning, 2011, Münster, http://www.pr-ip.de/allgemein/digitales-zeitalter-the-beginning (01.06.2012 21:07)

Schillo (2001)

Schillo, Dr. Michael: Lecture on Zuse and his machines, 2001, www.virtosphere.de/schillo/teaching/WS2001/ Vortraege/Zuse.pdf

Schreyer (1977)

Schreyer, Dr.-Ing. Helmut T.: Die Entwicklung des Versuchsmodells einer elektronischen Rechenmaschine, 1977, Mosbach/Baden, http://www.zib.de/zuse/Inhalt/ Texte/Chrono/60er/Pdf/696scan.pdf

Schunke (2000)	Schunke, Katja: Zur Rezeption des Plankalküls von Konrad Zuse: Die Einordnung in die Programmiersprachenkonzepte zur Zeit seiner Veröffentlichung, Bericht 2000 – 5, 2000, o.o., ISSN 1436-9915, http://cs.tu-berlin.de/cs/ifb/TeBericht/2000/tr2000-05.rtf
Weller (2007)	Weller, Clemens: Zuse Z1, 2007, http://www.weller.to/com/comp-zuse-z1.htm (23.05.2012 20:32)
Wunderlich (2006)	Wunderlich, Dieter: Konrad Zuse: 1910 - 1995 / Biografie, 2006, http://www.dieterwunderlich.de/Konrad_Zuse.htm (10.05.2012 21:49)
Zerges (2002)	Zerges, Dr. Kristina R.; Terp, Stefanie; Presse- und Informationsreferat der Technischen Universität Berlin (Hrsg.): Konrad Zuse 1910–1995: Der Vater des Computers, 2002, Berlin, http://www.huenfeld.de/stadt/Zuse_Flyer.pdf
Zuse (1993)	Zuse, Konrad: Der Computer - Mein Lebenswerk, 3. Auflage, unveränd. Aufl. 1993, Springer-Verlag, Berlin, 1993, ISBN 3540562923
Zuse (2011)	Zuse, Prof. Dr.-Ing. Horst: Rechner Z1, 2011, http://www.horst-zuse.homepage.t-online.de/z1.html (23.05.2012 21:20)
Zuse (2011a)	Zuse, Prof. Dr.-Ing. Horst: Rechner Z1, 2011, http://www.horst-zuse.homepage.t-online.de/z2.html (28.05.2012 14:44)
Zuse (2011b)	Zuse, Prof. Dr.-Ing. Horst: Rechner Z1, 2011, http://www.horst-zuse.homepage.t-online.de/z3.html (28.05.2012 16:40)
Zuse (2011c)	Zuse, Prof. Dr.-Ing. Horst: Rechner Z1, 2011, http://www.horst-zuse.homepage.t-online.de/z3-nachbau-2001.html (28.05.2012 17:33)
Zuse (2011d)	Zuse, Prof. Dr.-Ing. Horst: Rechner Z1, 2011, http://www.horst-zuse.homepage.t-online.de/plankalkuel.html (31.05.2012 17:25)
ZuseForum (o.J.)	Konrad-Zuse-Computermuseum (Hrsg.): Konrad Zuse Biographie, o.J., http://www.konrad-zuse-computermuseum.net/index.php?menue=dateien/kz_lebenslauf (11.05.2012 21:51)